- CHIC - REFURBISHMENT

Small Apartments from 50 m²

- CHIC - REFURBISHMENT

Small Apartments from 50 m^2

- CHIC - REFURBISHMENT
Copyright © 2016 Instituto Monsa de ediciones

Editor, concept, and project director
Josep María Minguet

Project's selection, design and layout
Patricia Martínez (equipo editorial Monsa)

INSTITUTO MONSA DE EDICIONES
Gravina 43 (08930)
Sant Adrià de Besòs
Barcelona (Spain)
Tlf. +34 93 381 00 50
www.monsa.com
monsa@monsa.com

Visit our official online store!
www.monsashop.com

Follow us on facebook!
facebook.com/monsashop

ISBN: 978-84-16500-09-3
D.L. B 30-2016
Printed by Cachimán Grafic

INTRODUCTION

These days it has become clear that refurbishing existing residential housing blocks is an invaluable means of addressing the architectural problems resulting from a lack of buildable space, as well the numerous environmental, social and economic issues associated with the large number of older buildings still standing in many cities. In this current climate conversion has become an essential component of modern architectural thinking.

Architectural conversion offers an infinite range of possibilities: how architects decide to work on existing buildings; modifying them in numerous ways and differing styles, imprinting their own identity as well as that of the client on the design while always taking into account the culture and traditions of the particular location.

The solutions proposed for the conversions shown here are the result of the unique styles and skills of the architects involved and their ability to successfully fuse existing elements with new features. All the projects in this book have been designed and realised with love and care to produce authentic and CHIC interiors: they have employed revamped furniture and fittings, restored structures and flooring together with original designs to produce an air of warmth and elegance. These have all combined to produce elegant modern apartments which have increased their architectural value due to well executed and immaculately presented conversions.

Hoy en día podemos afirmar que la recuperación o rehabilitación de edificios de viviendas es una forma interesante de afrontar los problemas arquitectónicos relativos a la falta de espacio edificable, de medio ambiente, sociales y económicos asociados a la gran cantidad de edificios antiguos que suele haber en algunas ciudades. En este entorno actual la arquitectura encuentra en el concepto de la reforma el aliado perfecto.

La rehabilitación arquitectónica ofrece una infinita gama de posibilidades: cómo un arquitecto puede jugar con el edificio existente, modificándolo de mil maneras y estilos, manifestando su personalidad y la del cliente, y siempre teniendo en cuenta también la cultura y las tradiciones del lugar donde se encuentra.

Las soluciones que se proponen en las rehabilitaciones aquí presentadas se han conseguido gracias al ingenio de los arquitectos y a su capacidad para cohesionar elementos ya existentes con otros nuevos. Todos los proyectos de este libro se han estudiado con atención y se han llevado a cabo con esmero para aportarles un encanto personalizado a su interiorismo "CHIC": con muebles recuperados o con un diseño original, pavimentos originales restaurados... que aportan un aire acogedor y elegante. El resultado son apartamentos y viviendas con mucho estilo que han aumentado su valor arquitectónico gracias a la rehabilitación.

SOSPESO

STUDIOATA
www.studioata.com

Turin, Italy
50 m² (538 sq ft)
Photos © Barbara Corsico

In an elegant building in central Turin, Studioata's design separates off a small section of this large apartment to make it independent from the rest. What we are left with is a large space, born from the union of two rooms and the entrance lobby, articulated around a large, central shape.

En un edificio señorial situado en el centro de Turín, el diseño realizado por Studioata separa una pequeña parte de un gran apartamento para independizarlo del resto. Ahora, un único gran espacio que nace de la unión de dos habitaciones y de la zona de entrada, articuladas a partir de un gran volumen central, compone la totalidad del proyecto.

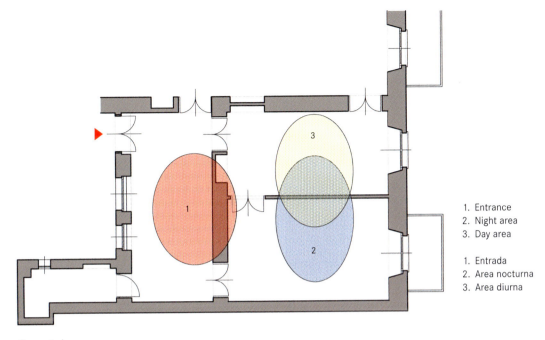

1. Entrance
2. Night area
3. Day area

1. Entrada
2. Area nocturna
3. Area diurna

Concept plan
Plano del concepto

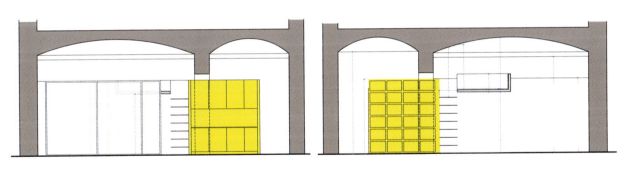

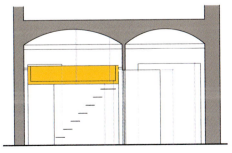

In order to free up as much space as possible, the bed is hidden inside a hanging module, accessible via a lightweight metal ladder.

Con el fin de liberar tanto espacio como sea posible, la cama se encuentra oculta dentro del volumen suspendido, accesible por una escalera de metal ligero.

Sections
Secciones

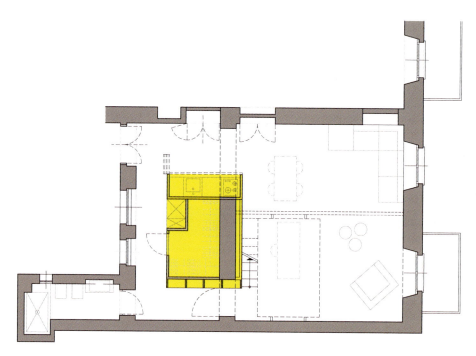

Floor plan
Planta

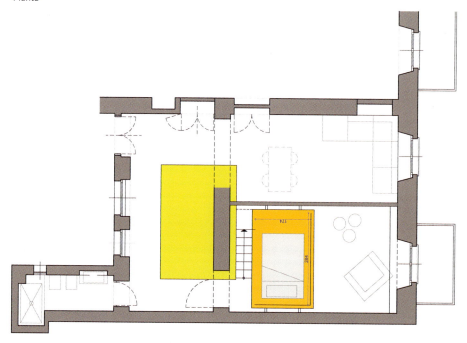

Mezzanine floor plan
Planta entresuelo

The central module unites and organises the three areas of the studio, and houses a dressing room and kitchen area, hidden behind glazed wooden panels.

El volumen central une y organiza las tres áreas del estudio y contiene un vestidor y la zona de la cocina, oculta detrás de paneles de madera acristalada.

JES HOUSE

NOOK ARCHITECTS
www.nookarchitects.com

Barcelona, Spain
50 m^2 (540 sq ft)
Photos © nieve | Productora Audiovisual

This Barcelona apartment was a hodgepodge of equally sized rooms, making it difficult to achieve chic from such chaos. Instead of tearing down walls in search of space, the areas were tiered instead. The bedroom floor was raised, the kitchen was opened to the dining room and so on. The result demonstrates that small houses do not need eccentricity. All they need is ingenuity.

Este apartamento barcelonés era un batiburrillo de habitaciones del mismo tamaño: difícil lograr lo chic en semejante desconcierto. En lugar de tirar paredes abajo y buscar vacíos, lo que se hizo fue jerarquizar las zonas. Se elevó el suelo del dormitorio, se abrió la cocina al comedor... El resultado demuestra que las casas pequeñas no obligan a lo excéntrico. Obligan al ingenio, eso sí.

Secciones
Sections

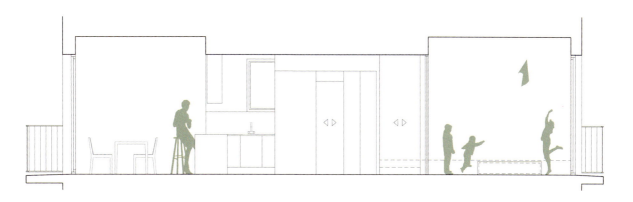

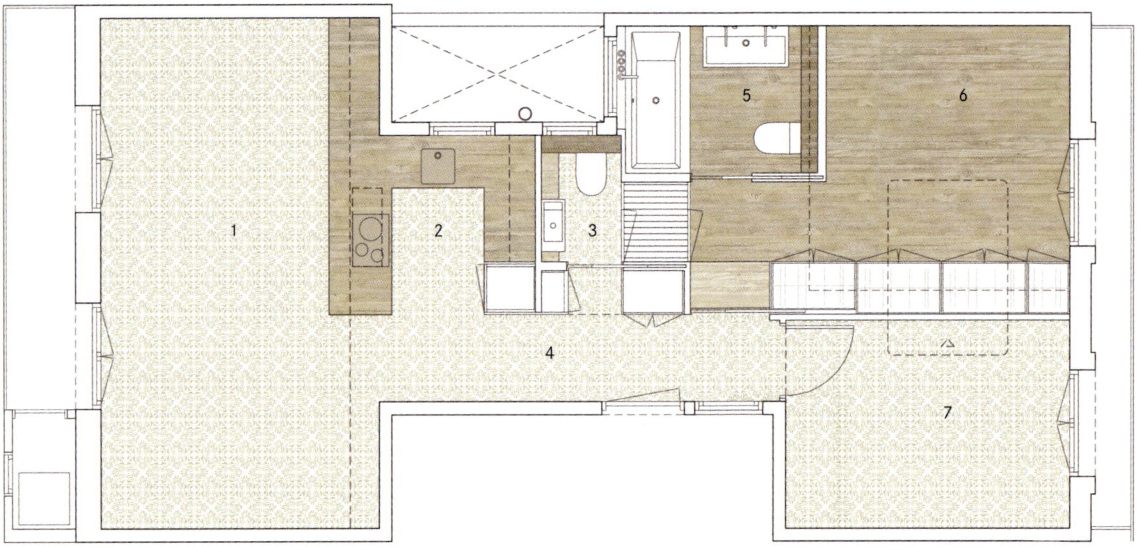

Floor plan
Planta

1. Living room
2. Kitchen
3. Toilet
4. Corridor
5. Bathroom
6. Master bedroom
7. Bedroom/Study

1. Sala de estar
2. Cocina
3. Aseo
4. Pasillo
5. Baño
6. Dormitorio principal
7. Dormitorio/Estudio

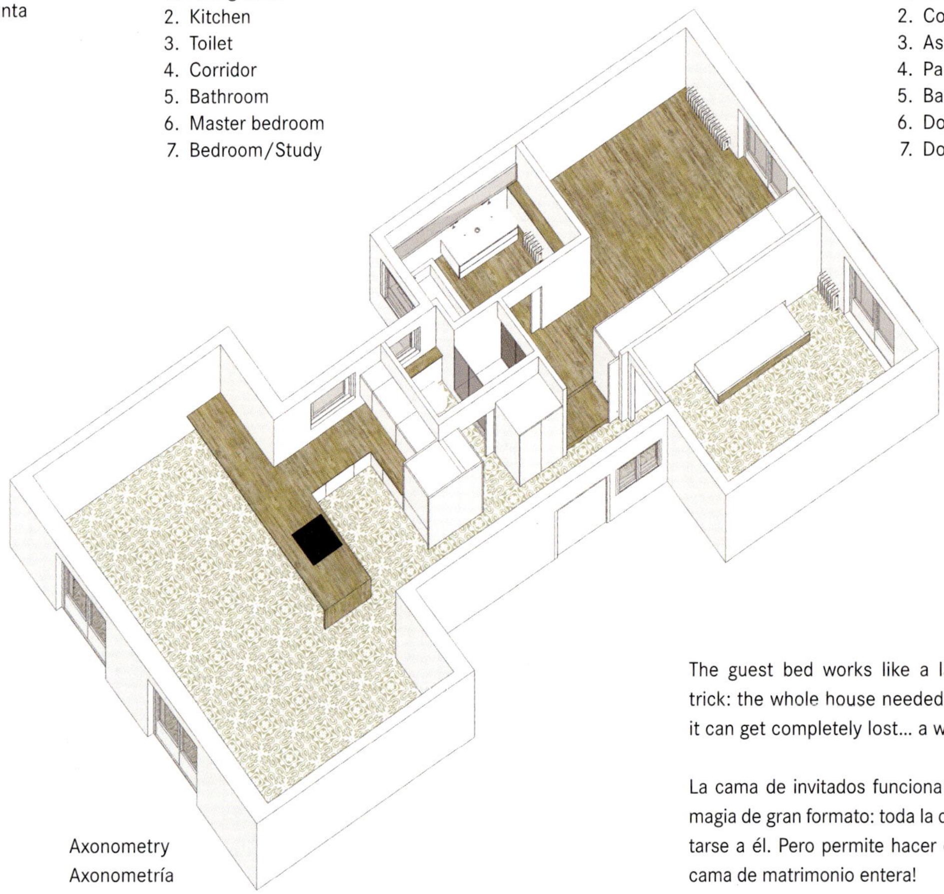

Axonometry
Axonometría

The guest bed works like a large-format magic trick: the whole house needed to adapt to it. But it can get completely lost... a whole double bed!

La cama de invitados funciona como un truco de magia de gran formato: toda la casa tuvo que adaptarse a él. Pero permite hacer desaparecer... ¡una cama de matrimonio entera!

TRANSFORMER LOFT

STUDIO GARNEAU
www.studiogarneau.com

New York, NY, USA
51 m² (549 sq ft)
Photos © Bart Michiels © Robert Garneau

A dilapidated pre-war studio has been transformed into a flexible and open space, creating an urban sanctuary above the frenzy of New York city. This design has created a clean and simple refuge full of light and space, without the visual obstruction of possessions: a place that offers functionality and the ability to get on with day-to-day routines.

Un estudio en ruinas anterior a la guerra se transforma en un espacio flexible y abierto; se crea un santuario urbano por encima del frenesí de la ciudad de Nueva York. La solución de su diseño crea un limpio y sencillo refugio de luz y espacio, sin el estorbo visual de las posesiones, que no deja de ofrecer la funcionalidad necesaria y que permite las rutinas diarias.

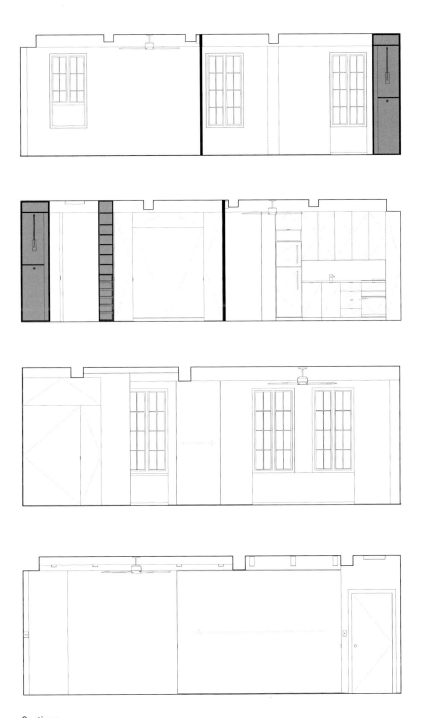

Sections
Secciones

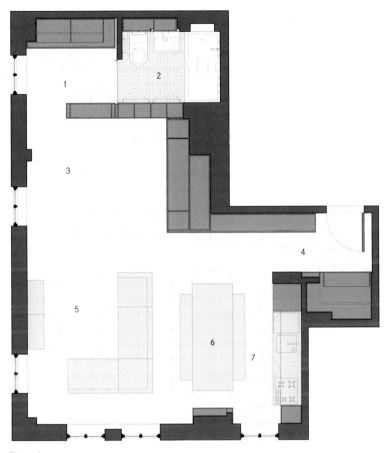

Floor plan
Planta

1. Dressing room	1. Vestidor
2. Bathroom	2. Baño
3. Bedroom	3. Dormitorio
4. Entrance	4. Entrada
5. Living room	5. Sala de estar
6. Dining room	6. Comedor
7. Kitchen	7. Cocina

By sliding a wall the bedroom is separated from the lounge, whilst revealing a library or office right here in the house. The result is personal and customised.

Deslizar una pared separa el dormitorio de la sala de estar, al tiempo que revela una biblioteca o una oficina en casa. El resultado: un entorno personalizado.

APARTMENT FOR RENT IN MILAN

STUDIOWOK
www.studiowok.com

Milan, Italy
65 m² (700 sq ft)
Photos © Federico Villa

A house renovated especially for you. And for anyone else in fact. This is a rental flat and needs to meet the needs of every possible client. Its flexibility comes from the comfortable communal areas: space, white to increase the light, some wood floors, etc. It may not be *your* dream home but you have to admit you could live in it quite comfortably.

Una casa reformada especialmente para usted. Y para cualquier otra persona, de hecho: el apartamento es de alquiler y tiene que satisfacer a todos los hipotéticos clientes. La flexibilidad se buscó en los lugares comunes del confort: espacio, blanco para expandir la luz, algunos suelos de madera, etcétera. Bueno, tal vez no sea *su* casa soñada. Pero reconózcalo: viviría en ella tan cómodamente.

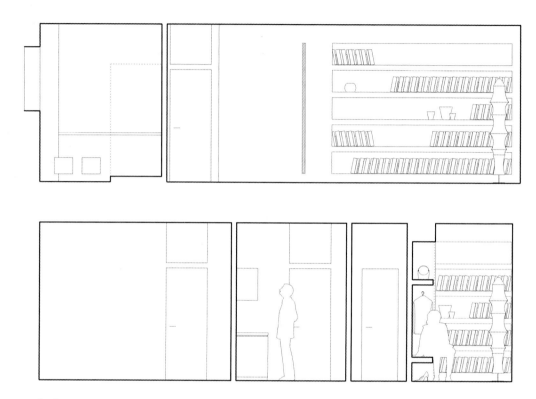

Sections
Secciones

The renovation budget was low, but even so it
makes sense. Wood flooring in the bedrooms and
lounge, concrete for the rest of the house.

El presupuesto para la remodelación era más
bien bajo. Aun así, tiene sentido: suelos de
madera para los dormitorios y el salón; hormigón
para el resto de la casa.

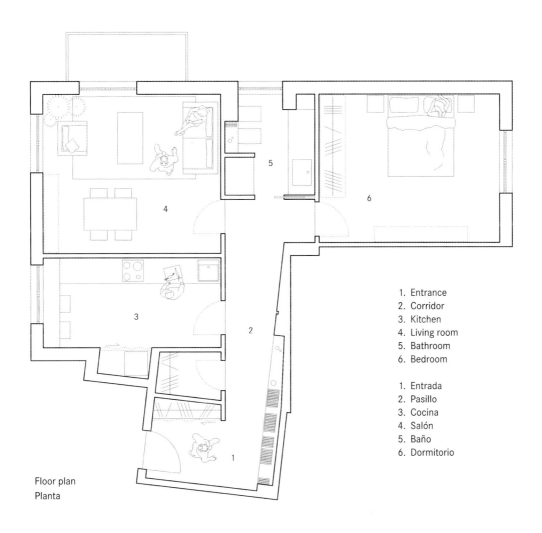

Floor plan
Planta

1. Entrance
2. Corridor
3. Kitchen
4. Living room
5. Bathroom
6. Bedroom

1. Entrada
2. Pasillo
3. Cocina
4. Salón
5. Baño
6. Dormitorio

The bathroom is simple but functional. No matter how appropriate, baroque touches and eccentricities are not to everyone's taste but functionality is.

El cuarto de baño es simple pero funcional: los barroquismos y las excentricidades, incluso las más oportunas, no gustan a todo el mundo. La funcionalidad, sí.

L APARTMENT

OLIVIER CHABAUD ARCHITECTE
www.olivierchabaud.com

Paris, France
65 m² (700 sq ft)
Photos © Philippe Harden

When there is no space to create a maze, rooms are joined one to another and, doing away with walls, space is achieved. This is what Chabaud did with this apartment, but he went even further by softening their connections. Now the lobby leans into the lounge, which opens to the kitchen and bedroom. Even the shower floats next to the bed. The connections are ethereal and pure.

Cuando no hay espacio para amagar laberintos, las habitaciones se ensamblan las unas con las otras y, prescindiendo de paredes, se logra lo diáfano. Así lo hizo Chabaud con este apartamento, pero fue más allá: suavizó las conexiones. Ahora, el vestíbulo empuja hacia el salón, que se abre a la cocina y al dormitorio. Incluso la ducha flota al lado de la cama. Las particiones son puro etéreo.

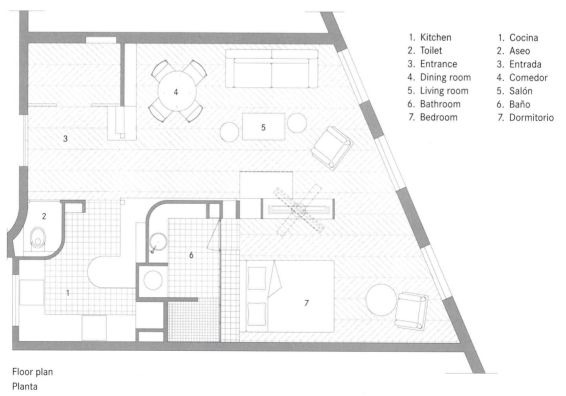

1. Kitchen
2. Toilet
3. Entrance
4. Dining room
5. Living room
6. Bathroom
7. Bedroom

1. Cocina
2. Aseo
3. Entrada
4. Comedor
5. Salón
6. Baño
7. Dormitorio

Floor plan
Planta

With this unit the TV can face into the living room or the bedroom, placing itself in either room. It feels as though all the rooms inhabit the same space.

Este mueble permite encarar el televisor hacia el salón o hacia el dormitorio; meterlo en una u otra estancia. Uno siente todas las habitaciones habitando un mismo espacio.

UNIT #2

RAS-A, INC.
www.ras-a.com

Manhattan Beach, CA, USA
67 m^2 (721 sq ft)
Photos © Roel Kuiper

The elegance of this renovated apartment is centred mainly in the beautiful laminated wood cabinet. The different sections of the home were previously divided into two by a separating wall, but now revolve around the multifunctional cabinet while opening up to the beautiful views over the Pacific Ocean.

La elegancia de este renovado apartamento reside principalmente en el papel central que juega el bello armario de madera laminada. Los diferentes ambientes de la vivienda, que anteriormente se distribuían a ambos lados de un muro de separación, ahora giran alrededor del armario multifuncional y se abren a las bellas vistas sobre el océano Pacífico.

The brilliant white kitchen cabinets, the rectangular tiles and the stainless steel worktops make this small kitchen feel much more spacious.

Los armarios de cocina de color blanco brillante, los azulejos apaisados y las encimeras de acero inoxidable hacen que la pequeña cocina parezca más espaciosa.

SLAB

K-STUDIO
www.k-studio.gr

Athens, Greece
70 m² (753 sq ft)
Photos © Vangelis Paterakis

This apartment's aesthetic is unmistakeably minimalist, but given its location in the centre of Athens, Greece, at the foot of the steep hill on which the Acropolis stands, *Neoclassical* might be a better word to describe it. The décor elevates this house to elegance. As we have already seen, chic goes beyond the merely functional.

Sin duda la estética de este apartamento es minimalista, pero ubicado en medio de Atenas, Grecia, como está, y al pie de la empinada colina sobra la que se yergue la Acrópolis, la palabra que parece encajar mejor es *neoclásica*. La decoración de la casa se erige al servicio de la elegancia. Ya nos parecía: lo chic va más allá de lo meramente funcional.

The house is located at the intersection of two streets. Not only does this allow the light to enter, the curvature of the building permeates its design and sets it apart from the rest.

La casa está situada en el cruce entre dos calles. No solo supone el acceso directo a la luz: la curvatura del edificio impregna el diseño y lo distingue.

Floor plan
Planta

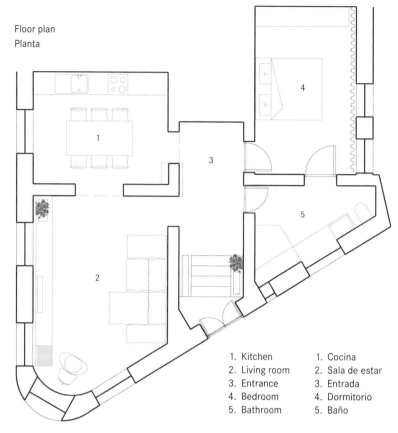

1. Kitchen
2. Living room
3. Entrance
4. Bedroom
5. Bathroom

1. Cocina
2. Sala de estar
3. Entrada
4. Dormitorio
5. Baño

THE WHITE APARTMENT

EVA BRADÁČOVÁ
www.ebarch.cz

Prague, Czech Republic
70 m² (753 sq ft)
Photos © Jiří Ernest

It was the dreams of Eva Bradáčová's clients that really inspired the interior of this home. What they dreamed of was a white interior... and there are many advantages to white. It brings harmony and a sense of cleanliness. It also makes the apartment feel more spacious. It is simple and elegant, and if you get tired of it you can always freshen it up with colourful accessories.

Los sueños de los clientes de Eva Bradáčová son lo que realmente inspiraron los interiores de esta vivienda. Y lo que soñaron era un interior blanco... pero el blanco tiene muchas ventajas: se ve armonioso y crea sensación de limpieza. El apartamento también parece más espacioso. Es simple y elegante y, si te cansas de él, siempre se puede refrescar con complementos de color.

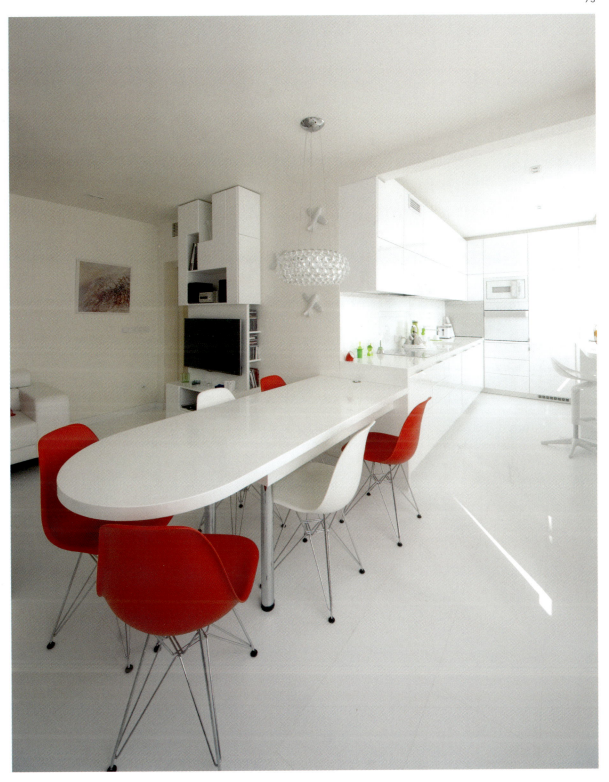

1. Office
2. Hall
3. Bathroom
4. Toilet
5. Kitchen
6. Bedroom
7. Living room

A. Sofa sleeper
B. Washing machine/Dryer
C. Ovens
D. Fridge
E. Breakfast table
F. Cooker
G. TV
H. 3D wall covering
 I. Extendable dining table
J. Design floor lamp
K. TV
L. Toilet table

1. Despacho
2. Pasillo
3. Baño
4. Aseo
5. Cocina
6. Dormitorio
7. Salón

A. Sofá cama
B. Lavadora/Secadora
C. Horno
D. Nevera
E. Mesa de desayuno
F. Fogones
G. TV
H. Revestimiento pared 3D
 I. Mesa comedor extensible
J. Lámpara de pie
K. TV
L. Mesa aseo

LED lighting strips are used primarily on the ceiling, around the kitchen cabinets and the storage cupboards, and in the hallway.

La iluminación mediante tiras de LED se utiliza principalmente en el techo, alrededor de los muebles de cocina, los armarios de almacenamiento y en el pasillo.

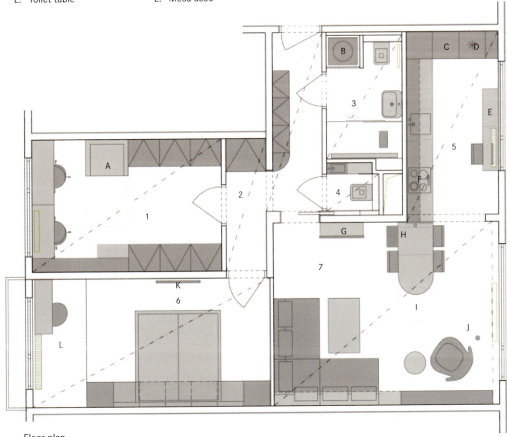

Floor plan
Planta

CITY VIEW HOUSE

RUSSIAN FOR FISH
www.russianforfish.com

London, United Kingdom
70 m² (753 sq ft)
Photos © Peter Landers

When architects design their own home they become immersed in their job. For Pereen d'Avoine this immersion was absolute: She lived for an entire year in her flat before embarking upon the renovation so that she would get to know its shortcomings... as well as giving her time to gather the funds. Ingenuity is born out of necessity: the renovation cost £30,000 and increased the value of the flat by £80,000. £50,000 worth of ingenuity is not bad!

Al diseñar su propia casa, un arquitecto se sumerge en su trabajo. Para Pereen d'Avoine, la inmersión fue literal: estuvo todo un año viviendo en el piso sin reformar, con el objeto de ir descubriendo sus carencias... y de tener tiempo para reunir el presupuesto. La necesidad aviva el ingenio: la reforma costó 30.000 libras y aumentó en 80.000 la tasación del piso. 50.000 libras de ingenio, por lo tanto. ¡No está mal!

The original flat was a gloomily renovated former bakery. This is proof that to achieve space and functionality it takes more than just tearing down walls.

El piso original era a su vez una lóbrega remodelación de una antigua panificadora. La prueba de que espacio y funcionalidad requieren de algo más que de derribar paredes.

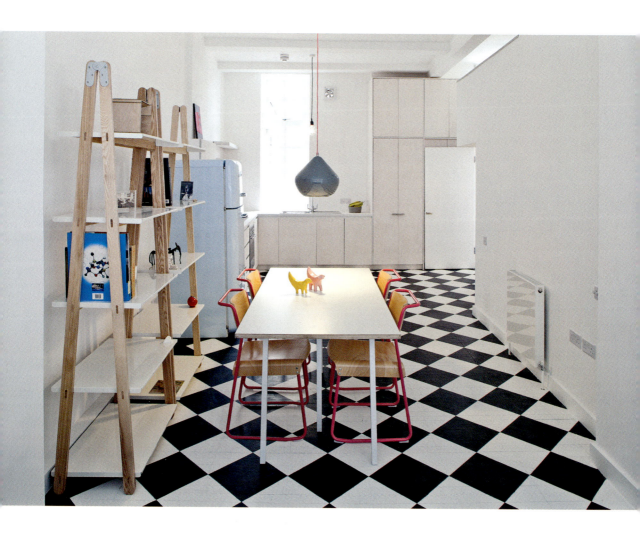

Floor plan
Planta

Mezzanine plan
Planta altillo

1. Master bedroom
2. Living room
3. Dressing room
4. Dining room
5. Kitchen
6. Lobby
7. Storage room
8. Sleeping mezzanine/Study

1. Dormitorio principal
2. Salón
3. Vestidor
4. Comedor
5. Cocina
6. Vestíbulo
7. Trastero
8. Dormitorio altillo/Estudio

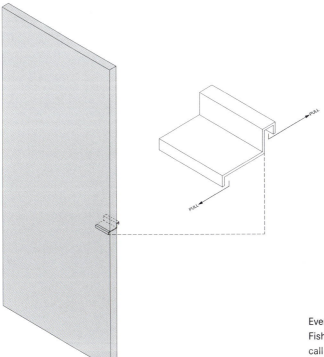

Detail of double pull handle
Detalle de asa de tracción doble

Even the knobs were designed by Russian for Fish. Eccentricity defines these architects who call themselves "The Russian word for *fish*". All is explained on their website.

Russian for Fish diseñó también los pomos. Lo excéntrico define a este estudio que, al fin y al cabo, se llama "La palabra rusa para *pez*". La explicación, en su web.

Speaking of ingenuity: the entire floor is made of wood. The black and white grain is painted on top. The diagonals add width to this over-long house.

Hablando de ingenio: todo el suelo es de madera. La trama en blanco y negro está pintada encima. Las diagonales dan anchura a una casa que es demasiado alargada.

APARTMENT-26D

MODO
www.mo-do.net

Hong Kong, China
72 m² (775 sq ft)
Photos © Rogan Coles

Minimalism (the aesthetics of space and essentials) is like the mathematic result of adding small and chic. Not exactly of course: it is possible to build huge minimalist palaces, or achieve chic by lovingly adding details to a crowded room. But this house is an example of such timely fusion. Minimalism to get something out of the space and fill us with wonder.

El minimalismo (la estética de lo espacioso y lo esencial) parece el resultado matemático de sumar pequeño y chic. No es así, claro. Se pueden erigir enormes palacios minimalistas, o lograr lo chic llenando de detalles con encanto una habitación abarrotada. Pero esta casa es ejemplo de esta fusión puntual. El minimalismo para sacarle réditos al espacio, y entumecernos de asombro.

Floor plan
Planta

1. Hall
2. Study
3. Dressing room
4. Master bedroom
5. Dinnig room
6. Kitchen
7. Entrance
8. Pantry
9. Toilet
10. Bathroom

1. Vestíbulo
2. Estudio
3. Vestidor
4. Dormitorio principal
5. Comedor
6. Cocina
7. Entrada
8. Despensa
9. Aseo
10. Baño

Original axonometry
Axonometría original

Project axonometry
Proyecto Axonometría

The minimalist aim of clearing each room works well with small houses: it makes them bigger. With ingenuity functionality is not sacrificed for space.

La intención minimalista de despejar cada habitación sienta bien a las casas pequeñas: las hace grandes. El ingenio consigue que la funcionalidad no sea a costa de espacio.

APARTMENT IN EL CARMEN

FRAN SILVESTRE ARQUITECTOS
www.fransilvestrearquitectos.com

Valencia, Spain
75 m² (807 sq ft)
Photos © Diego Opazo

This property is located in the El Carmen neighbourhood of Valencia's historic centre, in a three-storey mid-19th century building. With its small surface area and lack of natural light, the renovation project set out to partition off no more than the sleeping areas, leaving the rest open to create a spacious living area with plenty of natural light.

La vivienda se encuentra situada en el casco antiguo de Valencia, en el barrio de El Carmen, en un edificio de tres alturas de mediados del siglo XIX. Con una superficie reducida y escasa luz natural, el proyecto de reforma propone compartimentar únicamente las estancias de noche, mientras crea una espacio diáfano y bien iluminado en la zona de vida común.

The spacious kitchen-living area makes the most of the ceiling height and connects with the terrace via a huge window that provides plenty of natural light.

La amplia sala de estar-cocina aprovecha al máximo la altura de la vivienda y conecta con la terraza a través de un gran ventanal que aporta abundante luz natural.

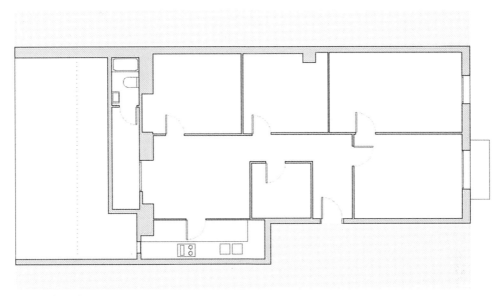

Original floor plan
Planta original

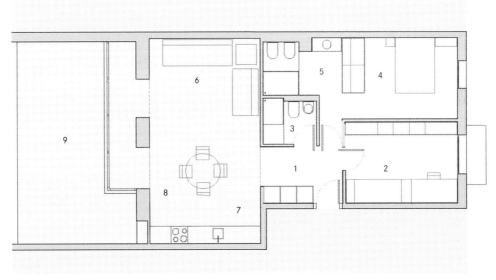

Project floor plan
Proyecto planta

1. Corridor
2. Bedroom
3. Bathroom
4. Master bedroom
5. Bathroom
6. Living room
7. Kitchen
8. Dining room
9. Terrace

1. Pasillo
2. Dormitorio
3. Baño
4. Dormitorio principal
5. Baño
6. Salón
7. Cocina
8. Comedor
9. Terraza

ATTIC RENOVATION IN VERONA

STUDIOWOK
www.studiowok.com

Verona, Italy
80 m^2 (861 sq ft)
Photos © Federico Villa

Located in a 1960s building, this renovated penthouse was uninhabitable and completely devoid of finishes, electricity and plumbing. The primary objective of its young owner was to create a dynamic space incorporating a bedroom, bathroom and kitchen as well as wardrobe space and a small outdoor area.

Este ático reformado, situado en un edificio de 1960, se encontraba en estado no habitable y completamente desprovisto de acabados, así como de electricidad y de fontanería. En su diseño final primó el deseo de su joven propietaria de crear un espacio dinámico, con un dormitorio, un baño y una cocina, así como un espacio de armario y una pequeña zona al aire libre.

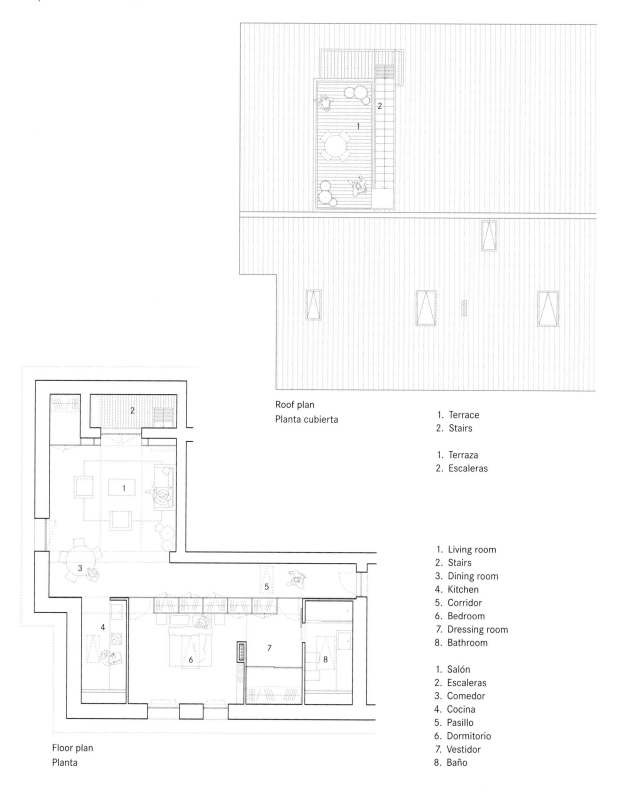

Roof plan
Planta cubierta

1. Terrace
2. Stairs

1. Terraza
2. Escaleras

1. Living room
2. Stairs
3. Dining room
4. Kitchen
5. Corridor
6. Bedroom
7. Dressing room
8. Bathroom

1. Salón
2. Escaleras
3. Comedor
4. Cocina
5. Pasillo
6. Dormitorio
7. Vestidor
8. Baño

Floor plan
Planta

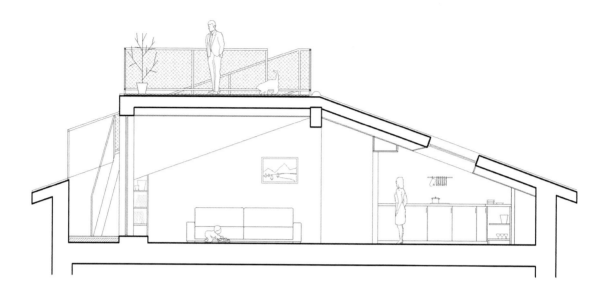

Sections
Secciones

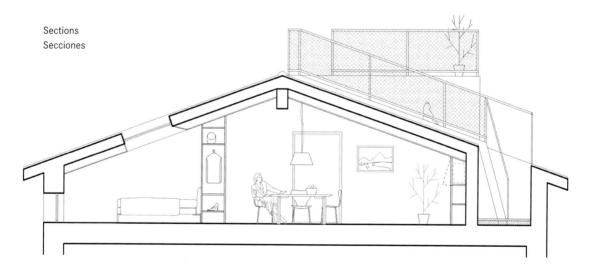

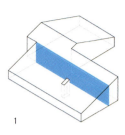

1

2

3

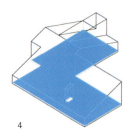

4

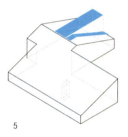

5

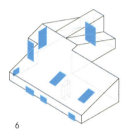

6

7

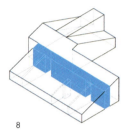

8

Diagrams of construction process
Diagramas del proceso constructivo

1. Demolition	1. Demolición
2. Thermal insulation	2. Aislamiento térmico
3. Dormer	3. Mansarda
4. Floor	4. Suelo
5. Stairs and terrace	5. Escaleras y terraza
6. Windows	6. Ventanas
7. New roof	7. Nueva cubierta
8. Custom furniture	8. Muebles personalizados

In front of the penthouse is a small terrace overlooking the Adige River. From there, a metal staircase provides access to the roof garden.

Frente a la buhardilla hay una pequeña terraza con vistas al río Adige. Desde ella, una escalera metálica permite el acceso a la cubierta.

LOFT MM

C.T. ARCHITECTS
www.cta.be

Bilzen, Belgium
80 m² (861 sq ft)
Photos © Tim Van de Velde

This house was renovated for the survivor of a car accident. After six months in a coma and three years of rehabilitation he had just learnt to stand again, yet he continues to live with the consequences. With mobility and speech problems, and difficulties in carrying out seemingly the simplest of tasks such as opening a wardrobe, the home needed to adapt to his needs. And he, of course, to it.

Esta casa se reformó para el superviviente de un accidente de coche que, tras seis semanas en coma y tres años de rehabilitación, pudo volver a tenerse en pie. Pero las secuelas permanecen. Con problemas de movilidad y en el habla, y dificultades para las cosas aparentemente más sencillas (como abrir un armario, por ejemplo), la vivienda tuvo que adaptarse a él. Y él, a ella; por supuesto.

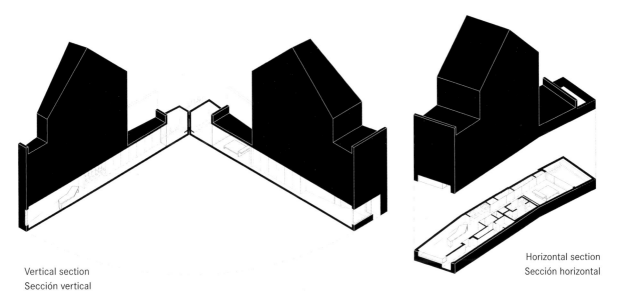

Vertical section
Sección vertical

Horizontal section
Sección horizontal

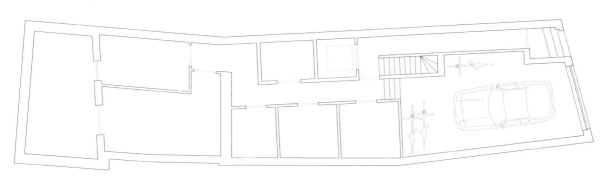

Original floor plan
Planta original

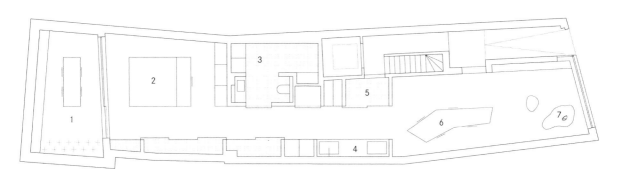

Project floor plan
Proyecto planta

Located in a former garage, the house is 30 metres long and just three metres wide. The house is a hallway, with sliding doors, rooms and gadgets grouped around it.

Situada en un antiguo garaje, mide 30 metros de largo por solo 3 de ancho. La casa es un pasillo: puertas correderas, habitaciones y mecanismos se agrupan a su alrededor.

EROSION

STUDIO NL
www.studionl.com

Athens, Greece
85 m² (915 sq ft)
Photos © Vassilis Makris

Located on the ground floor behind a lush garden, this apartment was completely gutted for transformation into a very different modern space. The contemporary design uses natural materials (travertine and wood) and bold grey paint, all softened by natural light and contrasted with the LED illumination set.

Este apartamento ubicado en una planta baja y detrás de un exuberante jardín fue completamente destripado para poder ser transformado en un espacio moderno muy diferente. El diseño contemporáneo recurre a materiales naturales (travertino y madera) y a una atrevida pintura gris, todo suavizado por la luz natural y en contraste con el juego de luces LED.

1. Bedrom
2. Kitchen
3. Dining room
4. Bathroom
5. Study/Hall
6. Living room
7. Veranda

1. Dormitorio
2. Cocina
3. Comedor
4. Baño
5. Estudio
6. Salón
7. Galería

Floor plan
Planta

The large hanging bookcase with hidden desktop is an "interactive wall" into which all the living spaces of this home are interwoven.

La gran estantería colgante con un escritorio oculto es una "pared interactiva" a partir de la cual se entretejen todos los espacios de la vivienda.

FÖHR

FRANCESCO DI GREGORIO AND KARIN MATZ
www.francescodigregorio.it
www.karinmatz.se

Föhr, Germany
85 m² (915 sq ft)
Photos © Francesco Di Gregorio

Elevated in the middle of the North Sea, on the small island of Föhr, at the wild mercy of the elements... with frequent storms, persistent fog and downright dangerous tides, the house screams durability. "We did not realise what we had built until we returned the following summer", said Di Gregorio, one of the architects. "Then we saw: a grounded ship."

Alzada en medio del mar del Norte, en la pequeña isla de Föhr, y a merced de una naturaleza agreste, con tormentas frecuentes, niebla sempiterna y mareas francamente peligrosas, la casa exhibe su dureza. "No nos dimos cuenta de lo que habíamos construido hasta que volvimos allí al verano siguiente", dice Di Gregorio, uno de los arquitectos. "Entonces lo vimos: es un barco varado en tierra."

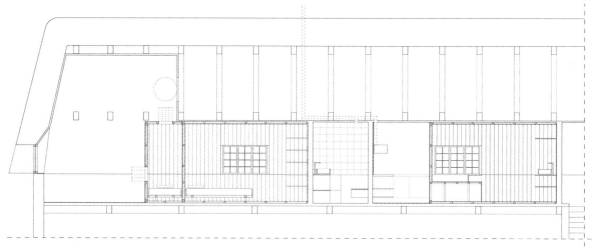

Longitudinal section
Sección longitudinal

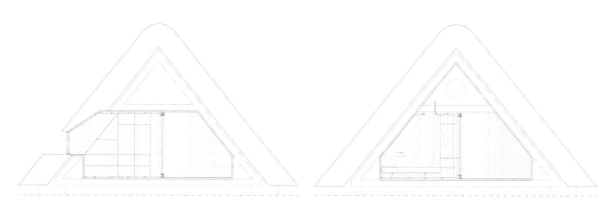

Cross sections
Secciones transversales

1. Living room	1. Salón
2. Bedroom	2. Dormitorio
3. Bedroom	3. Dormitorio
4. Bathroom	4. Baño
5. Kitchen	5. Cocina
6. Bedroom	6. Dormitorio
7. Dining room	7. Comedor
8. Stairs	8. Escaleras

The house is hollow, providing light and space, and interior partitions were done away with wherever possible. The contrast with the island landscape is paradoxical.

La casa está hueca, así que es luz y amplitud: se prescindió de las particiones interiores allí donde se pudo. El contraste con el paisaje isleño roza la paradoja.

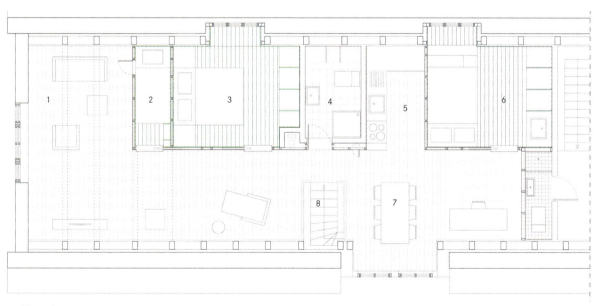

Floor plan
Planta

The hand-crafted Frisian tiles form part of the island's tradition: they are a sign of prosperity. If you care to count them you will find there are exactly 3,500.

Las baldosas agujereadas a mano, de origen frisón, forman parte de la tradición de la isla: son signo de prosperidad. Puede contarlas, si quiere. Tienen que salirle 3.500 justas.

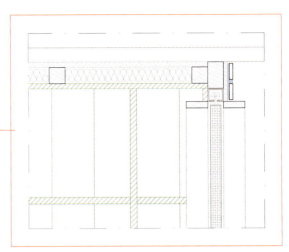

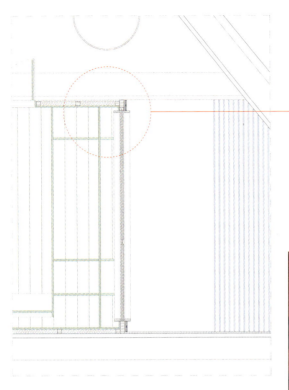

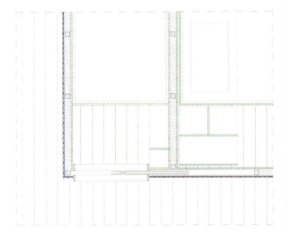

Details of sliding doors
Detalles de las puertas correderas

- CHIC - REFURBISHMENT

Small Apartments from 50 m²